I. K. L.
ESSAI DRAMATIQUE,

OUVRAGE POSTHUME

DE LÉONARD GOBEMOUCHE,

PUBLIÉ

PAR MARC-ROCH-LUC-PIC-LOUP,

CITOYEN DE NANTERRE,

Des Académies de Chaillot, Paſſy, Vanvres, Auteuil, Vaugirard, Sureſne, &c.

DERNIERE ÉDITION.

Fari quæ ſentiam.

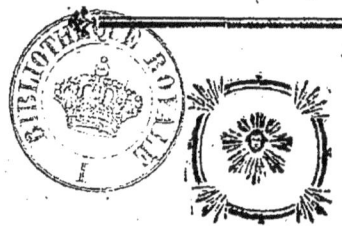

A MONTMARTRE,

Et ſe trouve à Paris

Chez LOUIS CELLOT, Imprimeur-Libraire, rue Dauphine.

M. DCC. LXXVI.

ÉPITRE DÉDICATOIRE
A MON CORDONNIER.

Ami (1), je hais les dédicaces,
Et le ton des adulateurs :

AUSSI n'ai-je point voulu porter atteinte à la vérité, en adressant à quelque grand Seigneur une longue Épître bien ampoulée, dans la-

---

(1) Fi ! s'écrieront nos petites *puçomanes*, faire son ami d'un Cordonnier & l'avouer publiquement ! quelle bassesse ! —— Pardon, Mesdames : vous ne connaissez pas mon Cordonnier. Il a un bon cabriolet, une jolie maison de campagne, une table excellente, &c. Il joue supérieurement la Comédie : il fait aussi des vers ; mais des vers.... Dieu sait quels vers ! Eh ! tenez, si vous en êtes bien curieuses, tout en vous pre-

A ij

quelle ma plume, ou mercénaire ou peut-être ambitieuse, prodiguerait des éloges pompeux que mon cœur démentirait malgré moi. C'est donc à vous que *je dédie* ce petit ouvrage, *comme* à un de ceux *qui* ont *le plus de droit sur* ma reconnoiſſance. *Elevés* pour ainſi dire *enſemble*, vous m'avez chauſſé *dans un âge* où je ne ſavais point en-

---

nant meſure, il vous montrera des échantillons de ſa verve. Je crois même qu'il fait un peu de muſique, & je ne ferais pas ſurpris de le voir un jour Secretaire du Roi. — Secretaire du Roi! — Eh! pourquoi non? Mon Tailleur l'eſt bien. — Il eſt donc riche, votre Cordonnier? — Très-riche. — Fait-il crédit? — Tant qu'on veut. — Il eſt riche & il fait crédit! Oh! cela change la theſe : c'eſt un honnête homme, & vous avez raiſon d'en faire votre ami.

DÉDICATOIRE.

core apprécier votre mérite. *Depuis cette heureuse époque*, mon goût & vos talens *n'ont fait que s'augmenter de jour en jour : en un mot, je dois en partie, & j'aime à le publier,* l'élégance & la solidité de ma chaussure à la propreté & à la combinaison de votre travail, de même que la conservation de mes pieds au soin que vous prenez de ne me point blesser. *Rassurez-vous, mon ami, ceux qui nous connaissent l'un & l'autre ne feront point surpris du faible hommage que je vous rends : ils diront que j'ai tâché d'acquitter une dette sacrée. S'ils ont un reproche à me faire, ce sera, n'en doutez point, de m'être privé jusqu'à ce jour du plaisir de célébrer* un talent, d'autant *plus estimable, que vous le pratiquez noblement* (1).

Mais il faut me faire violence & terminer un entretien que chacun de mes Lecteurs me pardonnerait & m'envierait même, s'il avait le bonheur d'être chauffé par vous. Puisse cette Epître vous causer autant de plaisir que j'en ai à vous l'adresser!

Je suis & je m'honore d'être votre ami,

MARC-ROCH-LUC-PIC-LOUP.

---

(1) Je prie très-instamment l'Auteur, dont je viens de parodier la dédicace, de ne point me savoir mauvais gré de cette plaisanterie ; on ne parodie jamais que les bons ouvrages, & d'ailleurs c'est un badinage innocent qui ne tire point à conséquence. Je rends compte ici de mes sentimens avec d'autant plus de plaisir, que je fais le plus grand cas de la T. de J. & que j'estime infiniment la personne & les mœurs de l'illustre Académicien à qui nous la devons.

DISCOURS PRÉLIMINAIRE.

CETTE petite piece m'étant tombée par hafard entre les mains, j'ai cru ne pouvoir mieux faire que de la foumettre au jugement du Public, dans un tems furtout où l'art du Théatre est tout à fait à la mode. Elle est fufceptible d'être lue, apprife, répétée & jouée, le tout en moins de fept à huit minutes, & c'est un avantage qui ne manquera pas d'en affurer le fuccès. En effet, rien de plus agréable pour nos Elégans à Polonaife-puce, qui font ordinairement preffés de jouir: rien de plus commode pour nos jolies Poules huppées; elles n'auront point à fe charger la mémoire d'un fatras de longues fentences, de grands mots & d'impertinentes périodes, vains objets devant lefquels leur génie fublime fe trouvait quelquefois en défaut, & qui ne fervaient qu'à les diftraire des occupations férieufes de la toilette. Ce mérite est plus grand qu'on ne penſe ; car il arrivait aſſez ſouvent que la mémoire faiſait faux-bond ; il fallait ſe remettre à l'étude ; le ſommeil ou la parure en ſouffraient ; l'humeur ne tardait pas à s'en mêler ; on grondait impitoyablement la Femme-de-Chambre qui ſuait ſang & eau, & n'en allait pas plus vîte ; on renvoyait avec une dureté réfléchie le pauvre Auteur qui tout interdit & confus, remettait lentement ſon triſte cahier dans ſa triſte poche , & courait au Café déplorer ſa diſgrace & l'affront irréparable fait aux productions immortelles de ſa verve honnie ; on tracaſſait la Marchande de modes , & l'on rejettait ſans pitié le bonnet *à la grippe* qu'elle ſe hâtait d'apporter comme le chef-d'œuvre de ſon art ; on repouſſait le petit chien qui tombait , ſe caſſait la patte & mettait par ſes cris tout le monde en alarmes ; on boudait l'Abbé, l'innocent Abbé qui s'en conſolait tant qu'il pouvait avec la petite ſoubrette ; tout languiſſait enfin dans un déſordre affreux ; mais j'oſe me flatter de faire re-

PRÉLIMINAIRE.

connaître la tranquillité pendant au moins une grande matinée, & je crois en cela rendre à la Société le service le plus essentiel.

Cette Tragédie, car c'en est véritablement une, a d'autres avantages infiniment supérieurs, qu'à l'exemple du Docteur Mathanasius (*a*), je vais détailler du mieux qu'il me sera possible. Il faut bien faire valoir sa marchandise ; & d'ailleurs, il est d'usage maintenant de prescrire au Public dans une longue Préface le jugement qu'il doit porter de l'ouvrage qu'on lui présente. Cependant, pour ne pas trop ennuyer, j'abrégerai la mienne autant que les matieres que j'ai à traiter pourront me le permettre.

Si la simplicité contribue au mérite d'une piece de théatre, celle, dont je me propose d'enrichir la Littérature, doit, sans contredit, tenir le premier rang parmi les trois-cent-soixante-six-mille-sept-cent-quatre-vingt-cinq Drames qui ont quelquefois enchanté, plus souvent ennuyé notre pauvre

petit globe depuis Thespis (*b*) jusqu'à D***
.... (*c*) Je puis même avancer que je
n'en connais point de plus parfaite, sans en
excepter les chef-d'œuvres de l'inimitable
Molière, ceux du Romain Corneille, du
tendre Racine, du sombre Crébillon, &
de l'enchanteur Voltaire (*d*). Exposition
simple & concise, intrigue supérieurement
filée, dénouement naturel & qui sort du
sujet, intérêt soutenu, caracteres bien développés, tableaux pittoresques, style varié & propre à la situation des personnages,
tout en un mot s'y trouve réuni dans un
point de perfection dont aucun ouvrage n'a
encore approché. Pour mieux démontrer
la vérité de cette proposition, qu'on serait
tenté peut-être de traiter de paradoxe, je
vais tracer d'abord en peu de mots l'historique de la piece, & je passerai ensuite à
l'examen détaillé des faits que je viens
d'avancer.

N. O., Prince de Tartarie (*voyez, page
44, la note* 4), était monté, jeune encore,
sur le Trône qu'avaient occupé ses ancêtres,

PRÉLIMINAIRE.

& que la mort de fon pere avait laiffé vacant. Orné de toutes les graces de la jeuneffe, doué de la figure la plus intéreffante, digne enfin de commander aux peuples foumis à fon obéiffance, ce Monarque aimait éperduement une Princeffe toute charmante avec laquelle il venait de partager fa Couronne. Cet excellent Prince, le Titus de fon pays, furprend aux genoux de fa Maîtreffe (*e*) un Rival dont il devait d'autant moins fe défier, qu'il l'avait reçu à fa Cour par commifération, qu'il le comblait de bienfaits, & le deftinait même à remplir une des premieres places de fon Royaume. Tout indigné qu'il eft de l'ingratitude de fon Favori, il fe rend affez maître de lui-même pour fe contenter de le chaffer de fa préfence; mais le traître a l'audace de lui réfifter, & le Roi fe voit forcé de l'abandonner à toute la rigueur du fort dont il voulait lui faire grace.

Tel eft en raccourci le fujet de la Piece que j'offre aux Amateurs de l'art dramatique. Rien n'eft plus fimple, plus intéreffant & n'exige moins d'application pour suivre le fil des événemens. Je ne connais que la Bérénice de Racine qui puisse à cet égard lui être comparée.

Passons à l'exposition : elle est, comme nous l'avons dit ci-dessus, claire, précise & d'autant mieux annoncée, qu'elle se passe toute en action; il n'y a point de détails inutiles, & le Spectateur est bientôt au fait de ce qui se passe, pour peu que les Acteurs entendent la Pantomime. L'exposition de l'infortuné Fabricant de Londres (*f*), qui n'est pas encore finie au quatrieme acte, n'est peut-être pas plus parfaite.

L'intrigue n'est point embrouillée : elle se noue d'elle-même & marche avec rapidité; elle n'est point étouffée par des épisodes parasites, & je suis bien éloigné de croire que cette simplicité soit une sottise. J'avoue même que je la trouve infiniment supérieure à celle d'Eugénie (*g*), que bien des gens, malgré ses défauts, regardent comme un chef-d'œuvre.

Quant au dénouement, il est tout à fait neuf, & je présume qu'il fera d'autant plus d'effet qu'il n'est point prévu, & que la catastrophe arrive au moment où il était permis de la croire encore éloignée. Qu'ont de mieux imaginé les dénouemens sublimes d'Orphanis (*h*), de Térée (*i*) de Roméo & Juliette (*k*) ? &c.

Où trouvera-t-on des caracteres mieux soutenus & plus adroitement mis en opposition ? Sera-ce dans les Illinois (*l*) ?

Ce que j'ai le plus admiré dans I. K. L. c'est le style. Point d'enflure, de faux brillans : tout est simple, correct & bien exprimé ; l'Auteur emploie toujours le mot propre. Cosroës (*m*) & Guillaume Tell (*n*) sont-ils mieux écrits ?

Il ne me reste à parler que des trois unités ; & cette regle, la premiere de l'art dramatique, y est si rigoureusement observée, que sa supériorité à cet égard n'a pas besoin de preuves. J'ajouterai même qu'il n'est pas possible de trouver un seul Drame où cette regle soit plus frappante.

J'oubliais le lieu de la Scene : & j'y reviens d'autant plus volontiers, que je n'en ai jamais vu de mieux choisi dans tous les Poëtes anciens & modernes. Ce n'est pas un petit mérite dans un siecle où l'on a tout épuisé. Il n'existait, pour notre Auteur, d'autre ressource que son génie. Il avait vu nos meilleurs *Dramaturges* se voler tour-à-tour les sites les plus agréables ou les plus pittoresques. L'un plantait ses tristes Républicains sur la pointe du plus haut rocher de la Suisse (*o*) ; l'autre précipitait ses Momies plaintives & désolées dans les caveaux ténébreux d'une église à demi-ruinée (*p*) ; celui-ci, pour exercer ses Marionnettes, s'emparait de la boutique & du comptoir d'un Marchand (*q*) ; celui-là promenait ses demi-Héros de la grand'salle du Palais dans les prisons de la Conciergerie (*r*) : enfin, sans le secours de sa féconde imagination, le savant Auteur d'I. K. L. eut peut-être été réduit à se servir d'un palais ou d'un temple ; mais il a voulu laisser le champ libre

PRÉLIMINAIRE. 15

à ses personnages, & les a transplantés loin des sentiers battus. Je plains actuellement le sort des infortunés qui voudront courir la carriere du Théatre : il ne leur reste, s'ils veulent absolument quelque chose de nouveau, que le choix des tours de Notre-Dame, ou de la bouteille au vinaigre, comme disent les bonnes gens. Je suis jeune encore ; je ne désespere point de voir un jour quelque rare génie reculer jusques-là les bornes de l'Art dramatique.

Mais revenons à notre Tragédie, & terminons un discours qui n'est déjà que trop long : cette *jolie* piece est, au dire des gens d'esprit & des véritables connaisseurs que j'ai tout exprès consultés, un petit chef-d'œuvre dans son espece ; & c'est d'après leur avis que je me suis déterminé à l'exposer au grand jour. J'espere qu'en qualité d'Editeur on voudra bien m'en pardonner l'apologie. Je puis assurer, au surplus, que quand bien même il arriverait que le Public ne fût pas tout-à-fait d'accord avec moi sur le rang que je lui assigne, elle aura au moins l'avantage de ne pas ennuyer, avantage que n'ont pas, & les feuilles foporatives du grand F*reron*. (s) ; & les lettres fublimes de l'impartial C*lement* (t) ; & les pamphlets philofophiques du Gafcon S*ablis*. (v) ; & les erreurs du favant N*onotte* (x) ; & les Tragédies barbares de Chapelain Second (la misère) (y) ; & les Comédies pitoyables du larmoyant F*albert* (z) ; & les Drames héroï-bourgeois de l'intrépide M*ercier* (aa) ; & le dix-huitieme fiecle du judicieux G*ilbert* (bb) ; & les grandes notices du petit S*autreau* (cc) ; & les rimes ufuraires de la Mufe Limonadiere (dd) ; & les fiecles éloquens de l'éloquent S*abatier* (ee) ; & la Pfyché recrépie du catharreux A*udert* (ff) ; & les projets économiques des Financiers du Palais-Royal (gg) ; & les rapfodies familieres de l'égoïfte D*orat* (hh) ; & les recueils délaiffés du verbeux L… (ii) ; & M. le Hic, & Madame le Hoc (ll) ; &c. &c. &c. Quel que foit enfin le fort de l'ouvrage que j'abandonne au torrent, je me flatte que le Public me faura quelque gré

des

des efforts que j'ai faits pour mériter son indulgence.

Deux mots encore & je finis : on me demandera peut-être pourquoi je n'ai point présenté ce Drame à l'assemblée des Comédiens : je répondrai tout bonnement que je n'ai point de tems à perdre dans les antichambres de Lizette ou de Crispin, & que je ne crois pas qu'un Ouvrage dramatique, fût-il aussi bon que Mérope ou la Métromanie, vaille, tout considéré, la moitié des sacrifices qu'il serait indispensable de faire pour le voir jouir, après dix années d'attente, des honneurs dangereux de la Scene. Les Comédiens peuvent avoir tort ; les Auteurs, qui s'en plaignent, peuvent n'avoir pas raison : je n'en sais rien ; mais ce que je sais, c'est qu'il est bien humiliant pour les Gens de Lettres d'avoir affaire à de pareils Juges. *Dixi*.

ÉLOGE

DE LÉONARD GOBEMOUCHE:

DISCOURS

Qui n'a concouru pour le prix d'aucune Académie.

L'éloge d'un grand homme est mon plus bel ouvrage.

Il est assez d'usage, lorsqu'on entreprend un Discours académique, de débuter par une belle & longue période qui déploie toutes les richesses & la pompe de l'éloquence; je dis donc: *Parmi les noms célebres qui ont des droits aux éloges publics, & aux hommages des peuples, il en est que l'admiration a consacrés, qu'il faut honorer sous peine d'être injustes, & qui se présentent devant la postérité, environnés d'une pompe imposante & des attributs de la grandeur; il en est de plus heureux, qui réveillent dans les cœurs un sentiment plus flatteur & plus cher, celui de l'amour & de la reconnaissance; qu'on n'oublierait pas sans ingratitude, que l'on exalte à l'envi, non* pas tant pour remplir les devoirs de l'équité, que pour se livrer au plaisir de leur rendre justice, & qui, loin de rien perdre en passant à travers les âges, recueillent sur leur route de nouveaux honneurs, & arriveront à la derniere postérité, précédés des acclamations de tous les peuples & chargés des tributs de tous les siecles.

Il faut, bien ou mal, appliquer à son Héros ce qu'on vient de dire ; c'est ce que je fais : *Tels sont les caracteres de gloire qui appartiennent aux* talens ; *tels sont ceux du grand Homme* que ma faible voix entreprend de célébrer. Je dirai aux Littérateurs, *il eut l'éloquence de l'ame & le naturel des anciens :* aux Marchandes de modes, *il fut votre modele & votre génie tutélaire :* aux Naturalistes, *il fut entreprenant ; & s'il n'a pas toujours réussi, ce n'a point été par sa faute :* aux Oisifs de la Capitale, *il sut s'occuper essentiellement :* aux Ambitieux de la Cour, *il ne chercha point les honneurs :* aux Faiseurs de projets, *la Nation attendait son bonheur de ceux qu'il avait conçus :* à *tous les Hommes,* il fut utile.

Je crois qu'une petite digression sur la modestie & l'insuffisance des talens de l'Orateur, ne ferait point un trop mauvais

B ij

effet ; eſſayons : il faudrait la plume éloquente & ſublime des T..., des C..., des D... pour célébrer dignement le grand Homme dont l'éloge m'eſt confié. Tels ſont *les Orateurs que mériterait ſon ombre : au défaut du génie je me fonde ſur l'intérêt qu'excitera toujours un nom qu'on ne peut prononcer ſans réveiller les idées de talent, de courage, d'humanité.*

Un Orateur, qui ſait ſon métier, ne manque pas de tracer enſuite une légere eſquiſſe du caractere de ſon Héros, qu'il accroche, comme il peut, aux phraſes précédentes ; je veux, coûte qui coûte, marcher ſur les traces de mes Maîtres. *Je n'irai point chercher dans un ſujet étranger à cet Homme immortel les moyens d'intéreſſer; cette reſſource imaginée pour ſuppléer au peu d'événemens que préſente à la curioſité publique la vie de la plupart des Gens de Lettres, renfermés dans l'ombre de leur cabinet & dans le cercle de leurs études, me devient inutile par la variété des talens* dont l'illuſtre Gobemouche étoit doué, *par l'incroyable activité de ſon ame, la ſingularité piquante de ſon caractere; & une vie qui ſuffit à tant de travaux, ſuffirait à pluſieurs éloges.*

Vient enſuite la diviſion du Diſcours en

deux parties; je n'ai garde d'y manquer. *Je peindrai* mon Héros, *d'abord* Auteur tragique & s'élevant par son coup d'essai à la hauteur des plus grands Maîtres: *je le peindrai ensuite* occupé d'objéts plus importans *& servant la France* par *les entreprises* les plus utiles. *Je puis remarquer d'avance, comme un trait rare & peut-être unique, que l'honneur d'être compté parmi nos premiers Ecrivains, qui suffit à l'ambition des plus beaux génies, est le moindre de* Gobemouche.

Je sens bien qu'il faudrait enchâsser ici de belles réflexions; mais je n'ai pas le loisir d'en faire, & je me hâte de passer à la première partie.

PREMIERE PARTIE.

Je ne ferais pas mal de la commencer par quelque lieu commun sur la vaine gloire & l'inutilité d'une naissance illustre; on a souvent employé ce moyen avec succès. *Laissons aux flatteurs & aux esclaves le soin de louer les hommes sur la distinction d'une illustre naissance; pour nous, toutes nos paroles doivent être pesées dans la balance de la vérité, & l'on doit trop de respect aux cendres d'un homme tel que* Gobemouche, *pour les outrager par de faux éloges.*

Je crois pouvoir maintenant passer sans regret aux détails de la naissance & de l'éducation de mon Héros. Léonard Gobemouche naquit à Asnieres, où sa mere étoit allée en vendanges, le.....17..... Il étoit fils naturel *de* Léonard Gobemouche, premier Ecrivain des Charniers, *& de la* fameuse Ecaillere du Panier-Fleuri, *aussi célebre par sa vertu que par sa beauté.* J'hésite d'autant moins à convenir de l'illégitimité de sa naissance, que ce n'est point un crime d'être bâtard. *La véritable noblesse est celle de l'ame,* & l'on a remarqué que les bâtards la possédaient presque toujours au suprême degré. Mais pourquoi rougirai-je en effet d'avouer la naissance de mon Héros ? Ne lui procure-t-elle pas l'avantage, le précieux avantage de ressembler au moins par cet endroit aux Dunois (1), aux Guillaume (2), aux Maurice (3), aux Cha-

---

(1) Jean d'Orléans, Comte de Dunois & de Longueville, fils naturel de Louis d'Orléans, assassiné par le Duc de Bourgogne.

(2) Surnommé le Conquérant : il était fils de Robert, Duc de Normandie ; & d'Arlette, fille d'un Pelletier de Falaise.

(3) L'immortel Maréchal de Saxe.

pelle (1), & à mille honnêtes gens enfin, qui n'en font ni moins estimés, ni moins estimables.

Son pere ne voulut point *le jetter dans la foule* de ces êtres obscurs & dédaignés dont le Gouvernement prend soin : il le fit baptiser & élever sous son nom. Son état le mit à portée de donner au tendre fruit de ses amours une assez jolie éducation, dont, par malheur, il ne tira pas de grands avantages. Ce fut aux Ecoles de Charité de sa Paroisse qu'il l'envoya faire ses Humanités. Le jeune Eleve, que sa Nourrice avoit gâté, *ne faisoit pas de la* douceur *& de la* patience *ses vertus favorites :* la vivacité de son ame, l'indocilité de son esprit, & la trempe un peu ferme de son caractere ne lui permirent point de profiter des sages instructions qu'il aurait pu recevoir. Eh! qu'importe? N'a-t-on pas *dit qu'il n'y avait point d'éducation pour le génie?*

Je ne suis pas mécontent de moi ; continuons. *Je passe rapidement* sur les premieres années de sa vie qui n'offrent rien de bien remarquable, & *je me hâte de le pré-*

---

(1) Fameux par ses Poésies légeres, & surtout par son Voyage, qui est un modele dans son espece.

B iv

senter dans un état de détresse & d'humiliation : situation terrible pour tout autre ; mais d'autant plus heureuse pour lui, qu'il lui dut ses progrès dans les arts & dans les sciences.

J'ai bien envie de coudre ici une petite réflexion qui ne sera pas déplacée ; risquons-la : *Par quelle fatalité les grands Hommes ont-ils tous éprouvé des disgraces ? Est-ce que la nature voulut leur vendre à ce prix les grands talens qu'elle leur accorda ; ou bien est-ce pour consoler le vulgaire qu'elle a mis à une si grande distance au-dessous d'eux ; ou enfin est-ce la marque distinctive des grands Hommes ?*

Le Lecteur attend sans doute avec impatience les grands événemens que je viens d'annoncer ; je m'empresse de satisfaire sa curiosité. Gobemouche eut le malheur *d'être confondu parmi des Libertins*, & de partager leur punition : il se vit condamné, dirai-je injustement, à végéter pendant quelques années dans les sombres dortoirs du Château de Bicêtre.

Il faut tâcher de laver cette petite tache ; cela est dans l'ordre. Eh ! le *pourrait-on reprocher à sa mémoire ?* Que pourrait dire contre lui cette voix redoutable qu'on ne distingue pas au bruit des éloges, des applaudissemens & des acclamations, mais qui se fait entendre dans l'étendue des âges & dans le long silence des tombeaux? Oserait-on lui faire un crime d'avoir livré son cœur aux impressions de la tendresse & au pouvoir de la beauté? Il est vrai que *le plaisir a pu l'arracher* d'abord *à son devoir, & qu'il n'a pas su résister à la séduction, en cédant à la sensibilité;* mais *quand les faiblesses ne ternissent pas les grandes actions, les grandes actions font oublier les faiblesses.*

Ce fut dans le sein de cette paisible retraite qu'il fit un retour heureux sur lui-même, & se livra tout entier à l'étude qu'il avoit jusqu'alors absolument dédaignée.

Fi! fi! ce style est trop bas: où sont mes échasses? *Le plus sage des Philosophes, Socrate crut avoir un génie qui veillait auprès de lui; ne pourrait-on pas dire que tous les grands Hommes en ont un qui les guide dans la route que leur a tracé la Nature, qui tourne de ce côté toutes leurs sensations, toutes leurs idées, tous leurs mouvemens, qui nourrit, échauffe, fait germer leurs talens, qui les entraîne, qui les subjugue, qui prend sur eux un ascendant invincible, qui est en un mot l'ame de leur ame.* C'est ce qu'on put reconnaître dans Gobemouche. Dès le berceau cette ame fière & intrépide dédaigna de s'abaisser à l'étude de ces sciences plus curieuses qu'utiles, dont la connaissance ingrate & frivole occupe l'oisiveté de l'enfance; &, semblable à ces anciens Romains, il parut d'abord mépriser tous les arts.

Pas mal, pas mal; mais poursuivons notre récit. L'instant approchait où ses yeux dessillés allaient en connaître le prix. Gobemouche avait un Compagnon d'infortune qui savait passablement anonner à livre ouvert, & compter même jusqu'à cent. Il lui *ouvrit les trésors des sciences*, & l'Eleve fit en peu de tems des progrès si rapides, que le Maître n'eut bientôt plus rien à lui montrer. *Il dévorait*, dans sa triste solitude, les fameuses histoires de la Barbe-Bleue, de Jean de Paris, de Pierre de Provence, de Fortunatus, &c. Mais il fallait *à son ame un aliment plus solide*: il lui tomba par hasard entre les mains quelques scenes (1) du Timoléon: ce sublime ouvrage échauffa sa verve, & nouveau Shakespear, il voulut se frayer une route inconnue. Il composa, pour adoucir l'en-

---

(1) On m'a positivement assuré qu'elles servaient d'enveloppe à des fromages de Marolles, qu'il avait fait acheter pour son déjeuner.

nui de sa longue captivité, le Drame sublime dont j'ai eu l'honneur d'entretenir le Public, & mérita, par ce chef-d'œuvre, d'être associé à la gloire immortelle des D*uflon*(1), des F*ramuri*(2), des A*ndré*(3), &c. Qu'on me cite une piece qui puisse lui être comparée ! *Dans ses pensées & dans son style*, le savant Gobemouche *a joint l'énergie & la précision Spartiate à l'éloquence & à la finesse Attique.*

Il y a long-tems que mon Héros est en cage; il faut l'en tirer : mais *le terme* de sa délivrance *approche*; il le voit arriver avec plaisir, parce qu'il pourra se dévouer au service de sa Patrie. Le jour est enfin venu; *ses fers tombent; il est libre*, & va bientôt paraître *sur un théatre plus digne de* lui.

―――――――――――――

(1) Voyez ci-après, *page* 56, la note (c).

(2) Auteur de *Nanette & Lucas*, de *la Colonie*, &c. Il a eu le secret de faire tomber le *Nicaise* de Vadé, qu'il a voulu réparer à neuf.

(3) Maître Perruquier à Paris : c'est à la verve de ce grand Homme que nous sommes redevables de la fameuse Tragédie du *Tremblement de terre de Lisbonne*, dans laquelle ou trouve, entr'autres belles choses, ces vers dont l'harmonie est incontestable :

Hélas ! hélas ! hélas ! & quatre fois hélas !
lui coupa le cou d'un coup de coutelas.

Si je terminais la premiere partie de mon Discours par une belle apostrophe à mon Héros, dans laquelle je pourrais lui demander bien humblement pardon de la nécessité cruelle qui force un Orateur, honnête homme, à sacrifier tout à la vérité ; cette idée me plaît : *pardonne, ô grand Homme, pardonne,* si je suis demeuré fidèle à la vérité : *que tes mânes ne s'élévent point contre moi !* Tu n'en obtiendras pas moins les hommages & *la reconnoissance de la postérité :* si tu avais été moins grand, tu pourrais craindre pour tes faiblesses.

Mais j'oubliais, qu'avant de finir, on doit un peu babiller ; babillons. *Je ne m'arrêterai pas davantage sur les talens* littéraires de Gobemouche. *Ce qui suffirait pour l'Eloge d'un autre, est à peine le commencement du sien, & je traite ce grand Homme comme* fera *la postérité qui,* sans doute, *oubliera* l'Auteur *pour ne se souvenir que de l'homme* utile. Jettons les yeux *sur ses talens* presqu'universels, *& nous contemplerons ensuite le grand spectacle* qu'ils nous présentent.

SECONDE PARTIE.

J'ai commencé la premiere partie de ce Discours par une réflexion philosophique dont j'ai été assez content ; je vais en user de même pour la seconde. *Dans les hommes vulgaires les connaissances sont limitées par les bornes d'un seul objet ; Gobemouche ne met à ses connaissances d'autres bornes que celles des sciences.*

Je vais présentement alonger la courroie par une petite digression sur le séjour que choisit ordinairement la vérité ; voyons un peu. *La vérité n'habite point parmi le tumulte ; elle s'est cachée dans la solitude, où elle se plait à vivre dans le silence, & pour la posséder, il faut, pour ainsi dire, s'exiler de l'Univers.* Cependant, à travers l'étendue immense des siecles, on apperçoit de tems en tems quelques génies rares qui ont entretenu un commerce sublime avec elle.

Il faut les nommer, ces génies, & puis revenir à mon Héros au moyen d'une petite comparaison ; fort bien. *Tel fut dans la Capitale du monde ce Consul aussi vertueux qu'éloquent ; tel en Angleterre ce Chancelier Bacon, qui devança son siecle, & traça aux siecles à venir la route qu'ils devoient suivre ; tel en France le Chancelier de l'Hôpital, le bienfaiteur de la Nation par ses travaux, & l'honneur de son siecle par ses lumieres ; tel parmi nous enfin parut* le grand Gobemouche, & je ne crains point de *joindre son nom à ces noms célèbres.*

Il ne faut pas oublier les avantages naturels de mon Héros, & sur-tout relever les petits détails par de grands mots ; c'est bien dit. *La Nature, qui l'avoit destiné à être un de ces hommes qui étonnent le monde, pour le distinguer en tout, lui avoit donné une force de corps telle que les siecles héroïques l'admiraient dans leurs Hercules & leurs Thésées, avantage malheureusement trop rare parmi nous, soit que l'espece humaine, altérée dans sa source, ait dégénéré d'âge en âge ; soit que notre luxe, nos mœurs corrompues, nos alimens empoisonnés nous énervent & nous amollissent ; soit que cet affaiblissement ait pour principe la négligence & l'oubli des exercices du corps, qui étaient si fort en honneur parmi les anciens ; soit que ces effets pernicieux résultent de l'assemblage & du concours de toutes ces causes.*

Ce n'est pas le tout de bavarder, il faut aller au fait ; l'avis est sage & je vais le suivre. Il faudrait des milliers de volumes pour décrire toutes les opérations de l'illustre Gobemouche ; je me contenterai d'esquisser le tableau des principales, elles suffiront à son éloge.

L'eau de la Seine est salutaire & bonne

au-dessus de Paris; mais depuis l'Hôpital jusqu'aux Invalides, elle entraîne une infinité de matieres impures & malsaines qui sont peut-être le germe de toutes les maladies qui travaillent perpétuellement les malheureux habitans de l'antique Lutèce. Pour remédier à cette calamité, Gobemouche imagina de la faire filtrer, bien persuadé que le *principe malfaisant* s'évaporerait en séparant l'eau des *matieres hétérogènes* qui la corrompaient. Si les Parisiens n'ont pas goûté cette entreprise, à qui la faute ?

On redoutoit avec raison le passage du Pont-Neuf dans les ardeurs de la canicule; Gobemouche inventa des parasols de toile grise, qui devaient, au moyen d'une somme de six deniers, préserver la cervelle de ses Compatriotes des influences pernicieuses du Soleil dans son zénith. *Jamais* on n'avait rien imaginé *de si beau* pour le bien de l'humanité; *jamais la philosophie* n'avait *médité un plus grand essor*, & la chaleur *allait se voir poursuivie* de la place des Trois-Maries à la rue Dauphine, & de la rue Dauphine à la place des Trois-Maries.

La Méchanique attira aussi les regards de l'infatigable Gobemouche : il s'occupait nuit & jour, lorsque la mort interrompit ses travaux, du soin de perfectionner une machine au moyen de laquelle les coëffures les plus hautes & les plus intrépides pouvaient s'adapter facilement à toutes sortes de têtes, sans qu'on apperçût la future. *Quel malheur pour la France que l'impitoyable mort, qui laisse en paix tant d'êtres inutiles, ne lui ait pas donné le tems d'achever ce sublime ouvrage!* Puisse une main plus heureuse exécuter sur ses plans cette précieuse ébauche, *& rendre à la Patrie un trésor qui ne doit pas être perdu pour elle.*

Gobemouche avait aussi projetté d'exercer un despotisme universel sur tous les habitans de l'air, & de leur faire signifier de sévères défenses, vu le dommage qu'ils occasionnent aux campagnes, de fonder leurs repas aux dépens des Laboureurs qui ne sont pas obligés de les nourrir : il ne lui a manqué que le tems de mettre son projet à exécution. C'est dans le Mémoire qu'il avait présenté à cet effet, *où il déploya à la fois l'homme utile! l'homme éloquent & l'excellent citoyen. Jamais, sans doute, l'éloquence ne traita un sujet plus intéressant.*

A qui devons-nous l'invention des grands toupets à la Grecque, & des petits
chapeaux

chapeaux à la Suiffe? Celle des fracs à Polacres & des Polonaifes & des Carakos ? Celle enfin des bourfes étroites & des longues épées ? C'eft à l'inépuifable génie du grand Homme que célèbre ma faible voix; c'eft encore à fon génie que nous fommes redevables des néceffités fans nombre qui fe multiplient tous les jours chez l'intariffable Granchez.

Scrutateurs profonds des fecrets de la Nature, fauriez-vous, fans lui, que les Colimaçons mal décapités reproduifent aux yeux du Naturalifte furpris, une tête plus fuperbe encore? Combien de milliers d'êtres innocens ont fuccombé dans cette fatale épreuve! Eh ! qu'importe leur perte, fi elle a contribué à une des plus fameufes découvertes dont notre fiecle futile puiffe fe glorifier?

Mais ce qui doit fur-tout lui mériter à jamais l'eftime & la reconnoiffance de fes Concitoyens, c'eft le voyage périlleux & fatal qu'il entreprit dans les Hôpitaux les plus fameux, pour déterminer la véritable couleur des puces.

Comme c'eft l'entreprife la plus vafte qu'il ait formée, il fera bon de décrire un peu au long les traverfes qu'il effuya, les dangers qu'il courut, & les difficultés fans nombre qu'il furmonta prefque toutes à force de conftance ; c'eft à quoi je vais pourvoir.

Pour bien peindre ce grand Homme dans cette courageufe entreprife, *il faudrait les couleurs, je ne dis pas de l'éloquence, mais de la poéfie même, & je ne fais fi je pourrai me défendre d'employer quelquefois fon langage. Du moins ici le merveilleux n'a pas befoin de fiction. Aux travaux fabuleux de cet Uliffe, banni par la colère des Dieux, cherchant fa Patrie fur terre & fur mer, & échappant aux enchantemens de la Cour de Circé*, on peut oppofer fans doute les travaux réels de l'intrépide Gobemouche, *s'arrachant aux délices de la Capitale, fuyant fes* foyers *pour* fervir fa Patrie, *traverfant de vaftes* Cours, *fouvent abandonné de fes guides, efcaladant des* murs *inacceffibles jufqu'à lui, menacé d'un côté* par une grêle de pierres que les poliffons ne ceffaient de lancer contre lui ; *de l'autre, par la profondeur des* abyfmes qu'il découvrait fous fes pas ; franchiffant des foffés *plus terribles cent fois que* celui du fcrupule, refpirant de près d'infectes *exhalaifons*, quelquefois *entendant gronder* autour de lui ces Cerbères impitoyables qui n'épargnent perfonne, & voyant des flots d'immondices se précipiter dans les souterreins où il était souvent obligé de se réfugier.

Je ne le peindrai point abandonné au courant de la Seine, *ici heurtant contre* des trains de bois, *là enchaîné par* d'immenses bateaux de vin, *tantôt* arrêté par un cable qui souleve son bachau, *tantôt franchissant le fameux détroit du* Pont-Rouge, *où les eaux plus rapides lançaient* son frêle esquif, *comme un trait*, à travers les bateaux des Blanchisseuses.

Je ne le représenterai point échouant contre un banc de vase près de l'Arche-Marion, *& remis à flots* par les secours bienfaisans de quelques garçons d'échaudoir qui venaient abreuver les tristes victimes de la voracité humaine.

Le même enthousiasme & la même intrépidité, qui lui avaient fait si souvent exposer sa vie, ont avancé sa mort & privé le Public du fruit de ses derniers travaux. Il puisa, dans ses différentes courses, le germe fatal d'une maladie cruelle (1) qui le conduisit en peu de tems aux portes du tombeau. *Il vit approcher* le terrible moment, *je ne dis pas avec* courage, *mais j'oserai presque dire avec distraction*.

---

(1) La Galle.

ÉLOGE

Comme il faut nécessairement disserter ici sur la mort de mon Héros, il me prend envie de faire auparavant une belle tirade sur l'instabilité des choses humaines.

Mais, ô destin de l'humanité! ce qu'il y a de plus grand doit avoir son terme; & ces ames, si supérieures à celles du vulgaire, ne peuvent sauver de la destruction cette argille périssable qu'elles animent & qu'elles honorent. Déjà la douleur attaque son corps de toutes parts, & son ame n'habite plus que parmi des ruines.

Il voit la mort d'un œil serein & l'attend de pied ferme, ou, pour m'exprimer plus clairement, il n'y pense point. *Heureux, qui peut dire en mourant :* « ô *Nature, je te* » *rends un esprit plus parfait que je ne l'a-* » *vais reçu!* » *C'en est fait :* Gobemouche *se meurt;* Gobemouche *est mort.*

Français! malheureux Français! cherchez ailleurs qui vous aime, il mourut l'autre jour à l'Hôtel-Dieu.

Sa mort est une calamité publique pour la France, une perte pour l'humanité.

Tous ceux qui meurent sont honorés par des larmes : l'ami est pleuré par son ami; l'époux est pleuré par l'épouse, & le pere de famille par ses enfans : un grand Homme doit l'être par le genre humain.

Des milliers d'hommes meurent & sont aussi-tôt remplacés; mais la mort d'un grand Homme laisse un vuide immense dans l'Univers, & la Nature en deuil est des siecles entiers à le remplacer. Que du moins l'exemple du grand Homme qui n'est plus, vive sans cesse parmi nous; apprenons de lui à être utiles.

J'ai tâché de suivre Gobemouche dans tous ses travaux; j'ai parcouru presque tous les projets de cet Homme extraordinaire: j'en ai développé quelques-uns, j'en ai indiqué d'autres; il a été aisé de suivre la marche de ses idées & d'en saisir l'ensemble; je n'ai rien omis enfin de tout ce qui pouvait servir à le faire connaître.

Avant de passer à la péroraison, je voudrais arranger une petite tirade sur l'injustice des hommes: elle ne peut que faire un bon effet.

Arrêtons-nous maintenant sur le sort de celui à qui la France a eu tant d'obligation, & à qui nos derniers neveux seront encore redevables. Quels honneurs lui a-t-on rendus de son vivant? Quelles statues lui a-t-on élevées dans sa Patrie? Quelles acclamations retentissaient sur son passage dans le pays qu'il habitait? Quels hommages a-t-il reçus de l'Univers? Que parlons-nous d'hom-

mages, & de statues & d'honneurs ? Oublions-nous qu'il s'agit d'un grand Homme ? Oublions-nous qu'il a vécu parmi des hommes ?

Il faut cependant s'occuper de la péroraison, & tout sera dit. M'est-il permis, en finissant, de faire un vœu pour le bonheur de ma Patrie ? Je souhaiterais qu'au milieu de ce Paris, qui fut si souvent le théatre de sa gloire, on élevât la statue de ce grand Homme. Ce serait parmi nous un monument éternel. Ce marbre muet exercerait sans cesse une censure utile sur les mœurs du Citoyen fainéant, &, lorsque nous ne serions plus, il annoncerait encore son mérite à nos derniers Neveux.

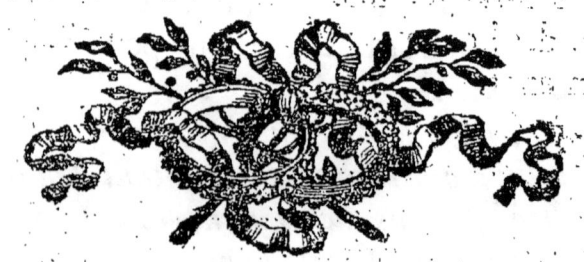

I. K. L.
ESSAI DRAMATIQUE.

PERSONNAGES.

N. O., Prince de Tartarie.

I. K. L., Infante de Congo.

P. Q., Favori d'N. o.

U., Capitaine des Gardes d'N. o.

X.
Y.
Z.
&.
} Gardes, personnages muets.

La Scene se passe en pleine Mer sur une Frégate qui conduit N. o., la Princesse & toute sa Cour en Tartarie.

I. K. L.
ESSAI DRAMATIQUE.

SCENE PREMIERE.
I. K. L. , P. Q.

Le Théatre repréſente l'intérieur de la chambre du Capitaine, occupée par la Princeſſe I. k. l. : nonchalamment aſſiſe ſur un petit canapé de point d'Hongrie; elle s'amuſe, ſoit à faire du filet, ſoit à tricoter, ſoit à careſſer ſon chat, ſoit enfin à lire la brochure à la mode. P. q. entr'ouvre doucement la porte, & la voyant ſeule, il s'approche avec timidité. Reſpectueux d'abord, il s'enhardit peu à peu; & comme il voit que la Princeſſe l'accueille avec bonté, il s'émancipe juſqu'à lui exprimer la flamme criminelle qu'il a conçue. La Princeſſe jette un sourire d'indignation, & veut le contraindre à se retirer ; mais il insiste, il tombe précipitamment à ses genoux & se saisit d'une de ses mains qu'il couvre de baisers. La porte s'ouvre au même instant, & le Prince paraît, suivi de ses Gardes.

SCENE DERNIERE.

I. K. L., N. O., P. Q., U., Gardes.

N. O.

A. b., c. d. (1) (*P. q.*, *que l'apparition du Prince a comme pétrifié, reste dans*

---

(1) Ce début me paraît d'une simplicité sublime & tout à fait dans le goût des Anciens. L'Auteur a suivi exactement le précepte d'Horace copié par Despréaux. A. b., c. d.! Quoi de plus aisé, de plus simple, de plus doux, de plus harmonieux même? Point d'enflure, de mots parasites, d'expressions redondantes! C'est la nature toute nue. A. b., c. d.! Je ne puis me lasser d'admirer ce début, & le Public le préférera certainement à celui d'Andriscus.* A. b., c. d.! Ces quatre lettres-là *sont admirablement*.

---

* Mauvaise Tragédie que les Comédiens ont eu l'inhumanité de refuser, & que l'Auteur leur a dédiés.

l'attitude où il a été surpris : N. o. continue.) E. ! (2)

P. Q. *en s'éloignant.*

F. ! (3)

---

(2) C'est ici que la gradation commence à se faire sentir ; l'action s'anime, l'intérêt croît & l'intrigue se noue. Je serais presque tenté de comparer ce passage à la belle imprécation de Camille dans les Horaces.

Rome, l'unique objet de mon ressentiment, &c.

(3) Nouvelle situation qui n'intéresse pas moins que la précédente. P. q., forcé de céder aux ordres réitérés de son Maître, s'éloigne en frémissant de rage. Il n'ose point lâcher la bride à sa fureur ; il ne lui échappe qu'un léger transport, mais ce mouvement dit tout. Avec quelle adresse, avec quel ménagement l'Auteur laisse entrevoir les passions qui agitent l'ame du personnage qu'il met en action ! Que la seule lettre qu'il prononce a d'énergie ! Combien elle signifie de choses ? *Faut-il que ma fureur soit contrainte à se taire ? Fléchir devant mon égal ! faveurs perdues ! fortune ennemie ! fatalité cruelle !* &c. Combien Molière, l'inimitable Molière (je prie le Lecteur de me pardonner ce sentiment), combien Molière me paraît faible, lorsqu'à peu près dans la même circonstance, il se contente de faire dire au Héros de sa Comédie des Fâcheux :

Cinquante fois au Diable les fâcheux !
Tout conspire à troubler les plus chers de mes vœux !

N. O. *portant la main sur sa hache* (4), *& faisant quelques pas vers* P. q., *qui s'est arrêté dans le fond du Théatre.*

On ne peut disconvenir sans partialité qu'en cette occasion l'avantage est du côté de l'Auteur d'I. k. l.

(4) Je n'ose point assurer que la hache soit précisément l'arme dont les Tartares ont coutume de se servir ; j'avoue même qu'il n'en est pas autrement question dans les Auteurs qui ont écrit sur les usages de ces Peuples ; mais le savant Gobemouche était si rigoureux observateur du costume, que je ne doute pas qu'il n'ait eu les raisons les plus fortes pour armer ainsi son Héros. J'ai fait à cet égard les recherches les plus amples ; mais qui malheureusement ont été infructueuses. J'aurais en même tems désiré pouvoir procurer des éclaircissemens sur la Patrie d'N. o. ; mais il ne m'a pas été possible de parvenir au but que je m'étois proposé, attendu que l'action se passe en pleine Mer, & que l'Auteur a oublié d'indiquer s'il s'agissait des Tartares Moungales (Mogols) ou des Tartares Calmoucks ; &, parmi ces derniers, si c'étoient des Usbecks, des Nogais, des Koubans, des Budziachs, des Daghestans, des Bachkirs, des Casatfohia-Orda, des Cara-Kallpakks, &c, &c. J'ai seulement trouvé, en feuilletant les annales de ces derniers qui habitent à l'est de la Mer Caspienne, que, vers l'an du monde 3297, un Prince, nommé O. n., s'étoit rendu recommendable par son courage & l'étendue de ses con-

G. h. (5) (*se retournant ensuite vers la Princesse, il dit du ton le plus tendre & le*

---

quêtes; & comme il n'y a qu'une très-légere différence d'O. n. à N. o., & qu'il n'en faut souvent pas davantage aux Commentateurs pour bâtir de grands & de magnifiques systêmes, je serais tenté de croire que ce Prince O. n. pourrait fort bien être le même que le Prince N. o., ou du moins un de ses ancêtres. Mais je suspendrai à cet égard mon jugement, jusqu'à ce que quelqu'un, plus heureux que moi, pousse plus loin cette découverte, que je ne fais qu'indiquer, & leve un coin du voile qui dérobe la vérité.

(5) Tableau frappant ! les Personnages sont en opposition; l'embarras croît : & le Spectateur muet, la bouche béante, l'œil fixe & l'oreille attentive, attend l'événement. Le Prince offensé s'abandonne à toute l'impétuosité de sa colère; il fait un geste menaçant, mais il revient bientôt à des sentimens plus modérés; il se rappelle qu'il est au-dessus de la vengeance qu'il peut tirer d'un Sujet qui lui manque. C'est le Lion qui pardonne au Rat; *C'est Neptune en courroux qui gourmande les flots.* Ce qui me paraît sur-tout digne d'admiration, c'est l'adresse avec laquelle la réticence se trouve placée. Je ne connais que le *Quos ego* de Virgile qui puisse soutenir la comparaison avec le G. h. *Quos ego!* G. h.!... G. h.! *Quos ego!* Vous passerez sur la même ligne à la postérité!

Rien n'est beau que le vrai, &c.

plus passionné) I.k.l. m. N.o. (6) (*s'ap-*
percevant que P. q. ne s'est point encore re-

---

(6) Cette transition rapide de la fureur à la tendresse, & de la tendresse à la fureur, est vraiment sublime & ne peut manquer de produire le plus grand effet, pourvu toutefois que l'Acteur, chargé du rôle d'N. o., soit capable de la faire sentir. Tel Orosmane s'écrie, dans le dépit qui l'anime, & qu'il cherche à dissimuler :

> Il est vrai que l'honneur me l'ordonne,
> Que je vous adorais, que je vous abandonne,
> Que je renonce à vous, que vous le desirez,
> Que sous une autre loi.... Zaïre, vous pleurez.

Telle encore l'amante furieuse de Bajazet, l'implacable & superbe Roxane laisse échapper les mouvemens divers qui l'agitent :

> Non ; je ne veux plus rien :
> Ne m'importune plus de tes raisons forcées ;
> Je vois combien tes vœux sont loin de mes pensées.
> Je ne te presse plus, ingrat, d'y consentir :
> Rentre dans le néant dont je t'ai fait sortir.
> Car enfin, qui m'arrête, & quelle autre assurance
> Demanderai-je encor de son indifférence ?
> L'ingrat est-il touché de mes empressemens ?
> L'amour même entre-t-il dans ses raisonnemens ?
> Ah ! je vois tes desseins ; tu crois, quoique je fasse,
> Que mes propres périls t'assurent de ta grace,
> Qu'engagée avec toi par de si fors liens,
> Je ne puis séparer tes intérêts des miens ;
> Mais je m'assure encore aux bontés de ton frère :
> Il m'aime, tu le sais, & malgré sa colère,
> Dans ton perfide sang je puis tout expier,
> Et ta mort suffira pour me justifier.
> N'en doute point, j'y cours & dès ce moment même.
> Ecoutez, Bajazet ; je sens que je vous aime,
> Vous vous perdez, &c.

tiré, il le regarde avec indignation & dit en s'avançant sur le bord du Théatre) P. q. r. s. t. (7) (*s'adressant à son Capitaine des*

C'est dans ces passages rapides & inattendus; dans ces traits d'éloquence & de sentiment, qu'on reconnaît la touche d'un grand Maître. Un Auteur médiocre vole terre à terre & craint de s'élever; mais le génie ne connaît point de bornes; il force les obstacles les plus insurmontables; il franchit en un clin d'œil les espaces les plus illimités, & son aîle infatigable mesure avec rapidité les routes inconnues qu'il se fraie. C'est ainsi que les plus grands Ecrivains ont su trouver l'art d'émouvoir, art enchanteur qui fait couler ces larmes délicieuses que verse le sentiment. C'est en marchant sur leurs traces qu'il a été permis à l'Auteur d'I. k. l. de détacher un fleuron de leur immortelle couronne. Qu'on ne s'imagine pas que la partialité conduise ma plume: je n'ai jamais connu l'Ecrivain dont je commente l'ouvrage; j'en ai conçu, il est vrai, la plus haute idée, & je crois n'avoir rien avancé de trop, en le plaçant au nombre des génies les plus sublimes. Les beautés répandues dans son ouvrage méritent bien cet honneur, & me disculperont entiérement des reproches qu'on pourrait faire à mon zèle, peut-être trop ardent, pour la gloire & le progrès des *Lettres*. Au surplus, *Fari quæ sentiam*, c'est ma devise.

(7) La scene change encore une fois de face: variété inépuisable qui prouve le génie & l'imagination de notre Poëte: nouvelle transition qui

48 I. K. L.
Gardes, à qui il donne le signal dont ils étaient convenus.) U ! (8)

U. *aux Gardes.*

X., Y., Z., &.,

P..... l., e. q.. p... p... d. f.. n....
 a........,
A.. R....., a...... i. f.... d. r....! (9)

---

augmente l'intérêt & redouble l'attention du Spectateur. L'intrigue est de plus en plus compliquée : on s'intéresse au fort des Personnages. Que résultera-t-il du choc des événemens ? Que deviendra P. q. ? Sera-t-il puni de son insolente opiniâtreté ? Quel parti prendra le Prince ? &c. C'est ainsi qu'un Auteur adroit fait tirer de son sujet, comme d'une mine féconde, un amas prodigieux de richesses, & parvient à remplir avec éclat la carrière brillante qu'il s'était proposé de parcourir.

(8) Le fameux *sortez* de Roxane dans la Tragédie de Bajazet, n'a peut-être pas plus de force, d'expression & d'énergie, que le petit monosyllabe que prononce N. o., & le geste qui l'accompagne. L'intrigue commence à s'éclaircir ; on entrevoit le dénouement, mais on ne le devine pas encore : voilà le comble de l'art.

(9) Ces vers ; car je ne doute plus maintenant que le dessein de l'Auteur n'ait été d'en placer deux à la fin de sa Piece, peut-être pour imiter certains Anglais qui ont introduit la coutume de terminer les ouvrages Dramatiques par quelques

(*Les Gardes veulent se saisir de P. q.,, qui s'empare d'une arme quelconque & défend sa*

---

ques morceaux d'éclat qui forçassent aux applaudissemens, ces vers, dis-je, ont manqué de faire échouer mon entreprise. Je ne crains point d'avancer qu'ils m'ont coûté plus de recherches, qu'ils ont exigé plus de peines & de soins, plus de patience & de travail que jamais Commentateur n'en a peut-être employé. Non-content d'avoir perdu plus de dix-huit années à me traîner dans la poudre des Bibliotheques, d'avoir pâli sur d'énormes in-folios que je n'entendais pas, d'avoir enfin consommé plus de cent rames de papier en notes inutiles, pour ne pas laisser mon Ouvrage imparfait, j'ai lâché la bride à mon imagination, & je l'ai laissé s'égarer dans le vaste pays des conjectures: je me suis fait même initier dans l'art des hyérogliphes; mais je n'en ai pas été plus avancé. Heureusement, pour la gloire & l'utilité des Belles-Lettres, que les obstacles ne m'ont point rebuté; je me suis roidi contre eux avec plus de force & d'acharnement; j'avais sous les yeux le précepte de Virgile:

Labor improbus omnia vincit.

& plus j'ai rencontré de difficultés, plus j'ai mis d'ardeur à les vaincre. J'étais cependant sur le point de jetter, comme dit le Proverbe, le manche après la coignée, lorsque le hasard me servit plus utilement que toutes mes recherches. Ce sont quelquefois les causes les plus simples & les plus communes qui donnent lieu aux dé-

liberté ; mais il est bientôt forcé de céder au nombre : on le terrasse, on le désarme, & on

couvertes de la derniere importance ; car, sans parler de la Boussole, de l'Imprimerie, des Lunettes, &c. personne n'ignore qu'on doit aux Cicognes l'invention des clystères, aux Cochons la découverte des truffes, aux Anes l'art de tailler la vigne & d'émonder les arbrisseaux, &c. &c. Une grosse Servante avait écouté plusieurs fois avec une attention soutenue des répétitions de la Tragédie d'I. k. l., à l'exception cependant du dénouement qui était demeuré inconnu, puisque l'Auteur ne l'avait indiqué que par des lettres initiales : impatientée sans doute de ne point voir la fin d'une Piece qui l'avait intéressée, elle se mit à dire avec un dépit tout-à-fait plaisant : « Oh ! si j'étais N. o. ! ... — Eh ! bien ? si tu » étais à sa place, que ferais-tu ? — Ce que je » ferais ? ... Je ferais .... Je ferais pendre ce » coquin de P. q. » Ce fut un trait de lumière qui dessilla mes yeux. J'aidai un peu à la lettre, & je lus ainsi le premier vers :

Pendez-le, & que, pour prix de ses noirs attentats,

Ce n'était pas tout : il fallait arranger le second avec le même succès, & je me trouvai encore plus embarrassé qu'auparavant. Il me restait à chercher un animal vorace dont le nom pût remplir la mesure dont j'avais besoin. J'appellai à mon secours le savant Dictionnaire d'histoire naturelle de M. Valmont de Bomare, & je trouvai, comme on dit, *ad aperturam libri*, le mot *Rennes*, animal qui habite les vastes contrées du *l'entraîne hors du Théatre, malgré ses efforts*

Nord, & dont le nom semblait précisément arrangé pour la place que je lui destinais. Satisfait de cette découverte, je ne doutai plus du sens de l'Auteur, & j'expliquai ainsi son énigme :

> Pendez-le, & que, pour prix de ses noirs attentats,
> Aux Rennes affamés il serve de repas.

Ma joie cependant ne fut pas de longue durée; je remarquai bientôt que le mot *Rennes*, dont la découverte m'avait paru si précieuse, étant un substantif féminin, ne pouvait m'être d'aucune utilité. Je fis en outre la réflexion que les Rennes sont des animaux frugivores & qui, par conséquent, ne doivent se nourrir que de végétaux. Ces petites remarques rendaient mon interprétation d'une balourdise effroyable, & je me vis bientôt replongé dans le bourbier que je commençais à perdre de vue. J'allais enfin décidément renoncer à tout, quand la même Servante*, que j'ai citée plus haut, vint encore une fois à mon secours, en me demandant avec une naïveté délicieuse, comment il était possible que *tout cela s'arrangît sur l'iau*. Je sentis aussi-tôt ma sottise, & je présumai avec raison que les Requins figureraient à merveille avec le lieu de la Scene; j'arrangeai en conséquence les deux vers de cette

---

* Si nos jolis Pantins & nos petites Prudes se scandalisent de ce qu'une malheureuse servante (c'est le terme dont ils se servent) m'a remis deux fois sur la voie, je leur réciterai, pour toute réponse, ce vers de Piron :

Moliere assez souvent consultait sa Servante.

maniere, bien perſuadé que c'était la ſeule leçon qu'on dût ſuivre.

> Pendez-le, & que, pour prix de ſes noirs attentats,
> Aux Requins affamés il ſerve de repas.

Vous étiez embarraſſé pour bien peu de choſe, dira quelque Critique : que n'aviez-vous recours à l'Auteur ? Il vous aurait épargné toutes ces peines, toutes ces fatigues, tous ces travaux dont vous faites un ſi pompeux étalage. —— Vous avez raiſon, Monſieur ; mais je n'ai pas tort. L'Auteur, ſauf le reſpect que je vous dois, n'était plus de ce monde, & je n'ai pas jugé à propos d'aller lui demander ſon avis. Je me ſuis contenté d'en écrire à ſa Veuve, dont j'ai eu le bonheur de découvrir la retraite : voici ſa réponſe telle que je lai reçue.

« Je ſuit plus que ſanſibles, Monſieur, à la
» gloire dont vous avet honorée la petite Co-
» médy de mon povre marit, en lui faiſants
» l'honneure ſuprêmes de l'ademettre par vots
» bons ſoint parmit le nombres des jollies piece
» dont la France ce gloriſit. Je ſan d'autant plus
» ſanſiblement le prit du mérite de vote trayaille,
» que ſet baggattel méritoit peut la paine dont
» vous l'avet travaillés. Si mon povre Gobe-
» mouche, que je pleurs tout let joure, n'étet
» pat more, comben ile oret de jois de ſe voire
» louer ſi joliman. Quand à ſe que vous me ditte
» des lettes iniale quie comance la fint de ſa
» pieſe, je ne puit vous dir aute chauſſes, ſinont
» que vous avet reſon. Permetée mois, Monſieur,

après on entend cent coups de canon (10)

» d'agréere que je vous envois par magnier de
» remerecieman cins peredrit rouge, dont troies
» grife & deut beccafe : vous trouveret auffie
» aux fon de la bouriques ung petie morco de
» tauchont avet le quele j'ait l'honeure d'ete,
» Monfieur, vote plus affecquetioné », &c.

Je me fuis déterminé à faire imprimer cette réponfe telle qu'on vient de la voir, pour convaincre le Lecteur de la juftesse de ma découverte & me mettre à l'abri des reproches d'ignorance & de partialité qu'on pourrait me faire.

(10) Je fuis forcé d'avouer que cette invention n'eft pas abfolument nouvelle ; mais j'ajouterai en même tems, pour la juftification de l'Auteur, qu'il s'en eft fervi de manière à la rendre tout-à-fait neuve. L'immortel Voltaire a rifqué avec le plus grand fuccès un coup de canon dans Adélaïde du Guefclin, & l'on ne peut difconvenir qu'il ne faffe l'effet le plus frappant. M. Sedaine n'a pas moins réuffi dans les trois coups de marteau de fon Philofophe fans le Sçavoir, ainfi que M. Cailhava dans fa charmante farce du Cabriolet volant, où il les a parodiés avec beaucoup de fineffe & d'enjouement. Mais je dois auffi à la juftice & à la vérité de dire que l'ingénieux Gobemouche a laiffé bien loin derrière lui fes modeles. Une boîte ! trois coups de marteau ! Cela n'eft rien ; mais cent coups de canon ! Voilà ce qui s'appelle entendre la Scene & prolonger adroitement le plaifir du Spectateur. Ce n'eft pas le cas de dire :

qui annoncent que les ordres du Prince viennent d'être exécutés. La toile tombe).

O imitatores servûm pecus !

C'est bien plutôt ici l'occasion de s'écrier avec le même Horace :

Omne tulit punctum.

L'Auteur d'I. k. l., qui, dans sa retraite, avait eu le tems de se nourrir de bonnes lectures, se gardait bien de négliger les préceptes de ses Maîtres. C'est ainsi que Boileau, la Fontaine & Molière savaient prêter de nouveaux charmes à leurs heureux larcins, & créer, pour ainsi dire, en imitant.

NOTES

Relatives au Discours préliminaire.

(*a*) C'EST sous ce nom (Mathanasius) que s'est déguisé l'Auteur du Chef-d'œuvre d'un inconnu (Themiseuil de Saint-Hyacinthe). Cet Auteur fut, suivant M. de Voltaire, Moine, Soldat, Libraire, Marchand de café, &c. Il courut toute l'Europe comme un aventurier, & mourut en 1746 auprès de Breda. Son Livre est une critique fine des Commentateurs; mais, comme l'ont fort judicieusement remarqué les Auteurs du nouveau Dictionnaire historique, elle est trop longue pour une plaisanterie.

(*b*) Poëte tragique grec: il introduisit dans sa Tragédie un Acteur qui récitait quelques discours entre les deux chants du chœur. C'est pour cela qu'il fut regardé comme l'inventeur de la Tragédie, quoique son origine remontât certainement plus haut. C'est ce qu'a exprimé Horace dans ces vers, si bien rendus par Despréaux, & que je vais transcrire ici, pour éviter au Lecteur la peine de fouiller dans sa Bibliotheque : d'ailleurs les vers d'Horace & de Boileau sont toujours bons à citer. *Ignotum*, dit Horace,

> *Ignotum tragicæ genus invenisse Camœnæ*
> *Dicitur, & plaustris vexisse poëmata Thespis*
> *Quæ canerent agerentque peruncti fæcibus ora.*

Je dois en faveur du beau Sexe, à qui je demande bien humblement excuse d'une citation latine, rapporter la traduction de Despréaux, qui a quelquefois égalé son modèle, quoiqu'il ne le valût pas: la voici:

> Thespis fut le premier qui, barbouillé de lie,
> Promena par les Bourgs cette heureuse folie,
> Et d'Acteurs mal ornés chargeant un tombereau,
> Amusa les passans d'un spectacle nouveau.

(c) Auteur de *Mes Dix-neuf ans*, des *Décius Français*, Tragi-comédie, du Poëme des *Sens*, de *la Bataille d'Ivry* & du *Siege de Paris*, Opéra-comiques, &c. Ces ouvrages immortels ont essuyé quelques petites contradictions de la part du Public, qui a eu l'injustice criante de les proscrire sans appel ; mais

> *On verra quelque jour* terrasser *la Cabale*,

& c'est alors, &c. &c. &c.

(d) Le plus grand, le plus profond, le plus vaste & le plus beau génie dont la France puisse se glorifier. Théatre, Épopée, Poésie légère, Romans, Histoire, Philosophie, Morale, M. de Voltaire a réuni tout, a excellé dans tous les genres, & laissé ses rivaux bien loin derrière lui. Tant de succès, & de succès si bien mérités, ont alarmé la médiocrité & l'envie : elles se sont liguées, sinon pour écraser ce grand homme, entreprise trop au-dessus de leurs forces, du moins pour l'empêcher de jouir de sa gloire. Elles se sont imaginées, dans leur vain délire, qu'elles n'avaient qu'à paraître, pour que l'autel & le Dieu même fussent renversés ; mais

> Que peut contre le roc une vague animée?
> Hercule a-t-il péri sous l'effort de Pygmée?
> L'Olympe voit en paix fumer le mont Ethna:
> Zoïle contre Homère en vain se déchaîna, &c.

NOTES.

Les illustres Détracteurs de M. de Voltaire, ces braves *Défenseurs du goût*, c'est ainsi qu'ils se qualifient, n'ont pas à beaucoup près recueilli tout l'avantage qu'ils s'étaient promis de leur noble & courageuse entreprise. Le Public a eu la faiblesse, tranchons le mot, la sottise de ne pas leur tenir compte de tant de travaux, & les coups qu'ils ont portés à leur prétendue victime n'ont fait qu'ajouter de nouveaux fleurons à son immortelle couronne. On pourrait à juste titre leur appliquer cette épigramme que tout le monde sait par cœur:

> Un gros serpent mordit Aurèle,
> Que croyez-vous qu'il arriva ?
> Qu'Aurèle en mourut ? Bagatelle:
> Ce fut le serpent qui creva.

Si lorsque Zoïle, qui d'ailleurs n'était pas tout-à-fait sans talens, crut avoir découvert des défauts essentiels dans Homère, il eût été traité par ses contemporains avec tout le mépris que méritait son audace, il serait encore enseveli dans les ténebres où son nom devait croupir éternellement, il n'aurait point été suivi de cette foule de Singes qui se sont traînés sur ses traces. Les Desfontaine, les Garasses & leurs dignes successeurs seraient encore inconnus aujourd'hui, & la perte ne serait pas grande. Mais quel inconvénient néanmoins que ces noms fameux, graces à l'impudence de ceux qui les portent, passent à la postérité, même la plus reculée ? Les ouvrages qu'ils ont attaqués y passeront aussi, & déposeront éternellement contre eux. L'opprobre les suivra d'âge en âge, & la faulx du tems, qui détruit tout, se brisera contre leur infamie.

Je n'ignore pas qu'en rendant à M. de Voltaire le tribut qu'il a droit d'attendre de tout ami des Lettres & de l'humanité, je m'expose aux traits envenimés de la critique la plus amère, & je dois convenir qu'elle aura beau jeu avec moi. Je suis très intimément persuadé que mes ouvrages, fussent-ils cent fois au-dessus de l'Année Littéraire, ne seront pas merveilleusement accueillis de ces petits bureaux d'esprit où l'on ne prononce le nom de ce grand Homme qu'avec horreur, & qui semblent avoir pris pour devise ce vers qui est passé en proverbe :

Nul n'aura de l'esprit, hors nous & nos amis.

Je ne doute pas qu'ils ne soient impitoyablement déchirés dans de certaines feuilles périodiques, qu'un faiseur de calembourgs appellerait peut-être des feuilles mortes, rapsodies sublimes où l'on voudrait élever la médiocrité sur les ruines du génie; où les d'Alembert, les Marmontel, les Diderot, les Saint-Lambert, les Thomas, les de la Harpe sont traités d'écrivailleurs rampans, froids, maussades & ridicules; où les C***, les S***, les G***, les S***, les C***, les R***, les N***, &c. sont au contraire mis en parallèle avec les meilleurs Ecrivains du siecle de Louis XIV; où M. de Voltaire enfin, à la honte du Rédacteur qui écrit de pareilles sottises, est rabaissé au-dessous des Pradons & des Chapelains. Un tel déchaînement est bien capable de décourager un jeune athlete dès le premier pas qu'il fait dans une carriere déjà trop glissante ; mais dût-il m'arriver cent fois pis, je ne trahirai jamais mon cœur : j'aime mieux être le martyr de la vérité, que le partisan de l'injustice & le complice de la bassesse.

(e) J'ai lu je ne sais quand, dans je ne sais quel voyageur, que les femmes en Tartarie, même parmi ce qu'on appelle la *bonne Compagnie*, continuaient, quoique mariées, d'être les maîtresses de leurs époux, c'est-à-dire, l'unique objet de toutes leurs affections & de toutes leurs complaisances. Chaque pays, chaque mode : il n'en est pas tout-à-fait de même en France. *Les gens comme il faut* se marient, lorsqu'ils sont à peu près ruinés, afin de pouvoir payer leurs dettes, & fournir de nouveau à l'entretien de quelques Filles d'Opéra. Ils viennent, énervés de débauche, faire, si toutefois ils le peuvent encore, un ou deux enfans à la triste victime de leur cupidité, afin de transmettre à la postérité leurs vices réels & leur noblesse prétendue. Une fois qu'ils sont assurés d'avoir au moins un héritier, ils s'abandonnent sans pudeur aux excès les plus scandaleux. Pendant que Monsieur court après le plaisir qui le fuit, Madame, qui s'ennuie, donne dans le travers; ou bien, faute de mieux, se jette à corps perdu dans une dévotion on ne peut pas plus mal entendue. Comme elle remplit les devoirs sacrés de la Religion, plutôt par désœuvrement que par piété, l'humeur gagne insensiblement son caractère : elle devient le tyran de tout son domestique, & de son mari même qui s'en éloigne plus que jamais. Les enfans grandissent : on confie leur éducation à des mains étrangères qui souvent en abusent : témoins de tant de sottises, ils profitent à merveille du bon exemple qu'ils ont sous les yeux ; ils enchérissent encore sur leurs père & mère. Ce qu'il y a de plus fâcheux, c'est que le mal gagne les Bourgeois & même les Artisans; de sorte que si cela continue, avant un couple de siecles, la vertu sera entiérement bannie de la terre, & l'égoïsme s'élevera sur les ruines de la société. Il semble qu'Horace ait été animé de l'esprit prophétique, lorsqu'il a dit il y a environ dix-sept cent ans :

Damnosa quid non imminuit dies ?
Ætas parentum, pejor avis, tulit
Nos nequiores, mox daturos
Progeniem vitiosiorem.

(*f*) Drame tombé à plat en 1771 : l'Auteur n'a pas manqué de le faire imprimer, par égard sans doute pour le Public dont il a voulu justifier le jugement. A la première & unique représentation de cette Pièce, on vint annoncer sur la scène la banqueroute du Fabricant; un spectateur s'écria plaisamment : *ah ! morbleu, j'y suis pour vingt sous.*

(*g*) Autre Drame plus heureux que le précédent, quoiqu'il ne vaille guère mieux : il a été joué en 1767 & a réussi, malgré ses défauts, parce qu'il s'y trouve deux ou trois situations intéressantes. L'intrigue en est supérieurement embrouillée.

(*h*) Tragédie représentée en 1773 ; c'est une des plus mauvaises Pièces qui aient paru depuis une vingtaine d'années : on a cependant eu le front de la comparer aux Tragédies de Racine, & d'avancer même que le cinquieme acte, qui ne signifie rien, était un des plus beaux qui fussent au Théatre. Il est vrai que celui qui a fait cette étourderie n'est point à s'en repentir. On pourrait même la lui pardonner en faveur de l'amitié qu'il porte à l'Auteur d'Orphanis.

(*i*) Autre Tragédie d'un Peintre qui n'est pas poëte : la chronique scandaleuse ajoute qu'il n'est ni l'un ni l'autre. Quoi qu'il en soit, la pièce tomba, & l'Auteur fâché s'en prit aux Comédiens, comme s'ils avaient eu d'autre tort que celui de la jouer : il a fait imprimer son Ouvrage avec une longue préface, & il n'en a plus été question.

(*k*) Pièce manquée, pleine d'invraisemblances, d'incorrections, & dont le dénouement est tout-à-fait postiche. Ces défauts appartiennent peut-être plus à Shakespear qu'à l'Auteur qui l'a imité; mais il devait les parer. Une scène excellente & sur-tout le jeu sublime de M. Brisart ont soutenu ce Drame pendant trente représentations; mais il n'a pas été heureux à la lecture.

(*l*) Cette Tragédie a eu une espèce de succès, qu'elle n'a dû sans doute qu'à la nouveauté du spectacle, & à quelques mouvemens de fierté qui sont bien saisis : il n'y a peut-être pas de Pièce où les caractères soient d'une inconséquence plus marquée. L'Auteur a vraiment du talent : il ne lui manque que de l'étude.

(*m*) Ouvrage de jeune homme que le Public accueillit en 1767, pour engager l'Auteur à *mieux faire* : le style en est bien faible.

(*n*) Tragédie Suisse, dans laquelle l'Auteur

n'a pas épargné *l'harmonie imitative* : la Scène se passe en partie sur une montagne de la Suisse. Mademoiselle Arnoud étant venue à une des représentations de cette Pièce, & n'y voyant presque personne, dit à quelqu'un qui l'accompagnait : *on dit ordinairement : point d'argent, point de Suisse ; mais il y a ici plus de Suisses que d'argent.*

(*o*) Voyez la note précédente.

(*p*) Euphémie & le Comte de Comminges, Drames *sombres*.

(*q*) Dans le Fabricant de Londres, l'action est censée se passer dans la boutique du Fabricant : voyez la note (*f*).

(*r*) Lisez, si vous le pouvez, Lorédan & Joachim.

(*s*) C'est le savant rédacteur de *l'Année Littéraire*. Si vous me demandez maintenant ce que c'est que *l'Année Littéraire*, je vous répondrai que *l'Année Littéraire* est une espece de journal qu'on publie à raison de trois cahiers par mois, & dont on donne la bonne mesure à la fin de l'année ; journal dans lequel......j'apprends à l'instant la mort de cet Écrivain polémique, & je me tais.

(*t*) Celui-ci est le plus acharné, le plus maladroit, le plus maussade, le plus monotone & le plus ennuyeux de tous les ennemis de M. de Voltaire. D'admirateur fanatique de ce grand Homme, il est devenu tout à coup, sans savoir pourquoi, son détracteur le plus décidé. M. C*** a fait de longues Lettres pour prouver que M. de Voltaire n'avait pas le sens commun : qu'ont produit ses clameurs ridicules ?

NOTES. 63

« La premiere de ces Lettres, dit M. de la
» Harpe, la seule dont on ait parlé un moment,
» a dégoûté de lire les autres. Elle commençait
» par ces mots : *Je vais vous ôter les trois quarts
» de votre gloire.* On s'est contenté d'observer que
» M. C*** ne les avait pas pris pour lui ».

(*v*) Cet Auteur, avant d'avoir publié ce qu'il a eu la bonté d'appeler une *imitation de la neuvieme Satyre de Boileau,* n'était connu, dit-on, dans la République des Lettres, que par des Epigrammes dont il avait eu la charité d'émousser la pointe, de peur qu'elles ne blessassent, & par de petites brochures un peu plus que satyriques. Il faut convenir que son dernier pamphlet a mis le sceau à sa réputation. Il s'est établi le Dom Quichotte de M. l'Abbé S***, & des autres grands hommes de sa trempe. Il n'a pas manqué, pour justifier sa louable entreprise, de déduire de belles raisons, d'entasser de longues phrases bien emphatiques, bien boursouflées ; mais malheureusement pour lui : *sunt verba & voces.* M. S*** n'a pas eu le don de persuader, & en conscience il n'était pas possible de prendre le change. Le pauvre Singe de Boileau en a été pour ses gambades ; on ne s'en est pas moins moqué de son protégé ; & on n'en a pas moins admiré les chef-d'œuvres immortels du Génie dont il voulait ternir la gloire. « Dans un sie-
» cle où tout devient problême, dit M. S***,
» où tout est, pour mieux dire, décidé contre
» les principes & la raison ; où ceux qui déso-
» lent la patrie osent se vanter de la servir ; où
» le délire prononce sans cesse le nom de la vé-
» rité qu'il outrage ; où les éloges sont pour la

» bassesse & l'intrigue, je ne vois rien de plus
» digne d'une ame ferme & courageuse que de
» s'opposer au torrent, & de s'écrier avec Ju-
» venal : *Semper ego auditor tantum* »? Voilà ce
qu'on peut appeler du sentiment ! rien n'est plus
digne d'admiration. Français, tombez aux genoux du libérateur de la Patrie, décernez-lui la
couronne civique, & qu'une statue soit le prix de
ses nobles travaux ! Tournons maintenant la médaille : quel a été le but de cette déclamation de
M. S***? D'accabler d'injures un vieillard de
quatre-vingt-deux ans, dont il ne pouvait pas
même être le rival ; de traiter d'homme sans génie, d'être destitué de bon sens le plus grand
Géometre du siecle, de chercher à couvrir de
ridicule le Chantre immortel des Saisons, l'aimable & modeste Auteur des Contes moraux,
l'élégant Traducteur de Virgile, l'illustre & jeune
Auteur de Warwick, &c. Quel a été le but de
cette froide diatribe ? De faire sa cour à des avortons qui le méprisent ! Voilà certes une entreprise
bien glorieuse pour la Patrie, pour la vérité,
pour les mœurs ! Français, tombez aux genoux
de votre libérateur, &c. Il faut l'avouer cependant, parmi toutes les inepties dont fourmille la
brochure de M. S***, j'ai remarqué ce beau
vers :

Les Lettres sont en proie à d'insolens Pygmées.

Cette maxime est d'une vérité frappante, &
joint au mérite de la précision celui d'être à la
portée de tout le monde. Pourquoi M. S***,
qui n'est pas tout-à-fait sans talens, ne s'occupe-
t-il point, pour remplir ses vues patriotiques,

NOTES.

à quelque bon ouvrage qui puisse lui faire une réputation solide ? Il est vrai qu'il est plus difficile de faire un bon ouvrage, que de dire des injures ; mais qu'en résulte-t-il ?

(*x*) Ex-Jésuite, Auteur du Livre des *Erreurs de Voltaire*. Je ne l'ai jamais lu ; mais j'entends dire de tous côtés qu'on aurait plutôt dû l'intituler : *les erreurs de N****. « L'orgueil a du bon », dit l'Editeur du dialogue de Pégaze & du Vieillard ; « mais quand il est soutenu par l'ignorance, » il est parfait ».

(*y*) Les Tragédies de cet Auteur sont en général bien conduites, les situations y sont ménagées avec art & l'intérêt soutenu ; mais elles sont écrites d'un style baroque, capable d'effrayer le Lecteur le plus intrépide, & d'une dureté sans exemple depuis Chapelain. Il n'est pas croyable que M. L***, qui dans ses poésies fugitives & son poëme de la Peinture, a tracé d'une manière gracieuse & naturelle une foule de tableaux charmans, ait écrit ses Tragédies seules, pour ainsi dire, en Allemand. Elles fourmillent de vers peut-être plus barbares encore que ceux-ci qui me viennent à la mémoire :

  Le crime d'Hypermnestre & de toutes ses sœurs,
  Cet accord sert & cache à la fois mes fureurs....
  Je pars j'erre en ces rocs, où par-tout se hérisse
  Cette chaîne de monts, &c.

Opposons à ce style le morceau suivant tiré du premier chant du poëme de la Peinture. Parmi les Artistes, dit M. L***.

  L'un, né pour moissonner dans les champs de l'histoire,
  Nous peindra les Héros courans à la victoire,

E

Le front des combattans, leur choc impétueux,
Les courſiers écumans, la pouſſière, les feux,
Le vol du plomb rapide & plus prompt que la fleche,
Les remparts foudroyés, le vainqueur ſur la breche.
Un autre eſt attiré par de plus doux ſujets;
Il aime à nous tracer de paiſibles objets.
Il peint les bois, les prés, les ruiſſeaux, les cam-
 pagnes,
Et les troupeaux errans au penchant des montagnes;
Sylvandre ingénûment par Annette agacé,
Et la jeune Laitière, au jupon retrouſſé,
Rapportant ſon pot vuide, un bras paſſé dans l'anſe,
Et de la ville aux champs retournant en cadence.

Ces vers prouvent que M. L*** a beſoin de travailler, & qu'il ne tient qu'à lui de courir avec plus de ſuccès la carrière du Théatre. J'ai entendu faire le plus grand éloge de ſon poëme des *Faſtes de l'année*. S'il a traité ce ſujet avec tout l'art & l'énergie que le Public eſt en droit d'exiger de ſes talens, je n'héſite point à lui en aſſurer la réuſſite.

(*z*) *L'Honnête-Criminel*, *Mélide*, *le Fabricant de Londres*: il ſuffit de les nommer.

(*aa*) Non content d'avoir gratifié le Public d'une douzaine de Drames plus ennuyeux les uns que les autres, M. M*** a lâché, pour les défendre, une eſpèce de poëtique remplie d'aſ-ſertions ridicules & de paradoxes révoltans; il veut réduire tout en Drames. Le Théatre ſerait bientôt déſert, ſi l'on n'y repréſentait que les ſiens.

(*bb*) Jeune Auteur dont les eſſais annoncent du talent: il ſerait à deſirer, pour ſa gloire, qu'il ceſsât de ſe déchaîner contre les meilleurs Ecri-vains de ce ſiecle, qu'il a déchirés avec autant d'indécence que d'injuſtice, dans une petite brochute entr'autres bien mauſſade, bien triviale, bien plate, & dont je me diſpenſerai de tranſcrire ici le titre, pour ne pas la tirer un moment de l'oubli où elle eſt condamnée. Si M. G*** porte jamais ſes regards ſur la poſtérité, il ne pourra que rougir de la démarche honteuſe dans laquelle l'imprudence de ſa jeuneſſe l'a ſans doute engagé. Il a d'ailleurs aſſez de mérite, pour ſe faire par lui-même une réputation brillante : il ne préférera ſûrement point le chardon de Zoïle au laurier d'Homère.

(*cc*) L'illuſtre rédacteur de l'Almanach des Muſes s'eſt ingéré, on ne ſait trop pourquoi, de juger deſpotiquement & en dernier reſſort toutes les productions poëtiques de l'année. Heureuſement qu'il eſt permis, quoi qu'il en diſe, d'en rappeller de ſon tribunal à celui de l'impartialité & de la raiſon. Il arrive aſſez ſouvent à cet ingénieux Ariſtarque de prendre, comme on dit, Martre pour Renard ; mais il n'en eſt alors que plus amuſant : les Amateurs perdraient beaucoup, s'il venait à ſe corriger.

(*dd*) Cette Muſe prétendue n'a ceſſé, depuis une trentaine d'années, d'inonder le Public d'un torrent de veraîlles plus faſtidieuſes que l'eau chaude qu'elle débite : elle n'a cependant pas perdu tout-à-fait ſon tems : on dit qu'elle a une armoire remplie des préſens qu'elle a reçus, & qu'elle les montre aux curieux avec une baguette, à peu près comme ces Chanſonniers qui indiquent ſur un tableau le ſujet de leurs cantiques.

(*ee*) « Philoſophes », dit l'illuſtre Abbé S*** dans ſon beau Livre des trois Siecles, « Philo-

» fophes, nous vous redoutons peu : fans ambi-
» tion, fans defirs, fans prétentions, qu'aurions-
» nous à craindre ? *L'amour de la Religion, de la*
» *Patrie, des Lettres & du goût*, a été notre uni-
» que motif : nous voudrions en être la victime,
» duffiez-vous achever par-là de vous faire con-
» naître ? » *Il faut en convenir*, ajouta le grand
F***, lorfqu'il rendit compte de cette production fublime, *un homme qui penfe & s'exprime de la forte eft un adverfaire très-redoutable & bien digne, non d'une admiration ftérile, mais d'un encouragement diftingué.* Il s'agit maintenant d'examiner fi M. l'Abbé S*** a bien rempli le but qu'il s'était propofé. *L'amour de la Religion* c'eft fon premier motif : l'intention pouvait être bonne ; je le veux croire & je m'impofe filence à cet égard. Paffons tout de fuite au fecond motif qui paraît avoir déterminé M. l'Abbé S*** à s'engager dans une carrière fi brillante & *fi digne d'admiration : l'amour de la Patrie....* Eh ! Monfieur l'Abbé, qu'importe à la Patrie que des ouvrages de pure imagination aient plus ou moins de fuccès ? Rodogune, Athalie, le Tartuffe, Rhadamifte, Mahomet, voilà certainement des chef-d'œuvres qui feront les délices de tous les pays & de tous les âges : eh bien ? Ces chef-d'œuvres, de quelle utilité ont-ils jamais été, de quelle utilité feront-ils jamais pour l'amélioration des terres, la diminution des charges de l'Etat, le fuccès de nos armés, l'étendue de notre commerce, l'augmentation de la population, enfin pour le bonheur des Peuples ? Vous voyez bien, mon cher Abbé, que ce motif n'eft qu'illufoire. Ce n'eft pas tout de coudre des

phrases, il faut leur donner du sens. J'ai fait l'impossible pour en prêter un raisonnable aux vôtres, mais je n'ai pas été assez heureux pour réussir. *L'amour des Lettres & du goût*, c'est le troisieme motif de M. l'Abbé Sabatier. Il est d'une inconséquence si palpable, qu'il n'a pas même besoin d'être réfuté. Mais je suis raisonnable, M. l'Abbé, & je veux bien, quelque ridicules qu'ils soient, admettre vos motifs. N'auriez-vous pas dû traiter avec plus de ménagement & de respect un vieillard recommendable au moins par son âge ? Ne deviez-vous pas vous contenter de déduire vos raisons, sans les empoisonner du fiel de la satyre la plus indécente & la plus condamnable ? C'est alors que vous auriez eu droit à l'indulgence & à l'estime du Public ; mais vous ne l'avez pas voulu. Vous avez sans doute été charmé de pouvoir vous appliquer ce vers échappé peut-être à la mauvaise humeur d'un jeune Auteur (M. G***), qui ne pourra jamais qu'en rougir :

Je puis être du moins fameux par mon audace.

Eh ! que n'avez-vous dit tout bonnement ? *Je hais M. de Voltaire ; j'ai des raisons, ou je n'en ai pas ; mais enfin je le hais* : ou bien, *je veux lui arracher sa couronne pour la placer sur mon front.* On vous aurait jugé en conséquence ; on vous aurait plaint, & vous auriez au moins eu le mérite d'avoir dit la vérité ; c'est toujours quelque chose. Il ne me reste plus, Monsieur l'Abbé, que des excuses à vous faire, ainsi qu'à vos célebres adhérens, de la liberté que j'ai prise de vous dire mon avis avec une franchise peut-être un peu gauloise ; mais, comme dit Boileau, notre ami commun :

> Dès que l'impression fait éclorre un *Auteur*,
> Il est esclave né de quiconque l'achete.

(*ff*) C'est ainsi que M. l'Abbé A*** s'est caractérisé lui-même dans une Épître sur son Perruquier ou sur sa perruque, je ne sais lequel des deux : cette pièce fameuse commence par ces vers :

> Oui, cher ami, ris, si tu veux,
> De cette commune aventure :
> Grace à Neuhaus *, de faux cheveux
> Vont garantir de toute injure
> Mon crâne *pelé, catharreux*, &c.

Je suis bien fâché que le crâne de M. l'Abbé A*** *soit pelé & catharreux*, mais ce n'est pas ma faute. Ce n'est pas ma faute non plus, s'il s'est imaginé que sa Psyché recrépie ferait tomber celle du bon la Fontaine.

(*gg*) Jamais on n'a vu tant de projets de Finance, & jamais ils n'ont été plus inutiles. On ne peut que louer les Auteurs de la bonne intention qu'ils ont eue ; mais on ne peut disconvenir en même tems que leurs systêmes sont pour la plupart tout-à-fait absurdes & *d'une exécution physiquement impossible*. Eh ! Messieurs les Réformateurs, cessez de vous tourmenter l'esprit & de vous copier à l'envi : laissez, laissez à l'Ami des arts, au Bienfaiteur de l'humanité, à ce Ministre chéri que nous devons à la sagesse & au discernement de notre jeune Monarque, le soin

---

* Perruquier de M. l'Abbé A***.

de rétablir les finances & de travailler au bonheur de l'Etat. Son génie actif & laborieux saura bien, sans votre secours, faire revivre l'âge d'or, & verser sur nos plaies un baume salutaire & consolateur. Heureux, mille fois heureux les Princes qui ont de pareils Ministres ! Heureux, mille fois heureux les Ministres qui ont l'avantage de se dévouer au service de la Patrie sous un Prince tel que LOUIS XVI !

(*hh*) Celui-là serait doué d'une patience à toute épreuve, qui pourrait lire jusqu'au bout *le Luxe*, Poëme ; *le Roi & le Ministre*, Drame ; *la Cinquantaine*, Opéra-Comique ; *l'Egoïste*, Comédie-Ballet, *le Théatre de famille*, &c. Personne n'a peut-être jamais eu plus de prétentions que cet Auteur au fauteuil académique ; il ne cesse d'en parler chaque fois qu'il présente de l'opium au Public : on trouve en tête de son Poëme intitulé *le Luxe*, ce beau quatrain à Messieurs de l'Académie Françaife.

> La croix de Saint-Louis est le prix militaire ;
> J'en serai par le Roi décoré dans sept ans :
> Le fauteuil parmi vous est le prix littéraire ;
> Dois-je le demander ? Non, Messieurs : je l'attends.

Attendez-moi sous l'orme.

(*ii*) Auteur plus connu par le nombre de ses rimes que par leur mérite. Il sollicite une pension pour avoir ennuyé le Public ; si tous ceux qui sont dans le même cas en demandaient, & qu'il fallût leur en accorder, les revenus de l'Etat n'y suffiraient point.

(*ll*) Masque sous lequel se cache un petit Auteur qui fait de petites Lettres dans lesquelles il expose son petit avis sur les Nouveautés dramatiques. Il est charmant, sur-tout quand il donne l'essor à sa petite colère. Eh! beau Masque, un peu de charité pour vos pauvres petits frères qui n'en peuvent mais. Je conçois bien que votre intention est de leur rendre en détail l'ennui qu'ils vous ont donné pour la plupart en gros; c'est fort bien fait; mais vous devriez tâcher au moins de ne pas confondre vos victimes, & de ne point envelopper dans la disgrace commune les bonnes gens qui ne vous ont point fait de mal.

F I N.

FAUTES ESSENTIELLES A CORRIGER.

Page 2, ligne 11, *mettez un point après* établit : *ôtez le point après* autrefois.

pag. 8, lig. 1, joueur, *lis.* jouer.

pag. 16, lig. 25, *mettez une virgule après* gouverne.

pag. 17, lig. 26, avantages, *lis.* desavantages.

pag. 19, lig. 7, secourir, *lis.* secouer.

pag. 20, lig. 27, *mettez une virgule après* naturelle.

pag. 22, lig. 7, destructeurs, *lis.* détracteurs.

pag. 23, lig. 6, *effacez* cependant.

ibid, lig. 19, *lis.* je reprendrai au mois de Janvier dernier.

pag. 25, lig. 36, distinctive, *lis.* destructive.

pag. 38, lig. 19, attestations, *lis.* assertions.

pag. 44, lig. 16, indomptable, *lis.* impardonnable.

pag. 50, lig. 18, quoi donc, *lis.* pourquoi donc.

pag. 56, lig. 23, épitaphe, *lis.* épithete.

pag. 59, lig. 18, *mettez deux points après* assure, & *ôtez-les après* vécu.

pag. 62, lig. 28, Puissans, *lis.* paysans.

pag. 63, lig. 6, sein, *lis.* sain.

pag. 65, lig. 12, magnificence, *lis.* munificence.

pag. 66, lig. 25, maniste, *lis.* manifeste.

pag. 68, lig. 28, ni pleurer, ni rire, *lis.* pas pleurer, mais rire.

pag. 69, lig. 12, prévois, *lis.* pourrois.

ibid lig. 18, explication, *lis.* application.

pag. 70, lig. 28, *mettez point & virgule après* tort.

pag. 71, lig. 30, ceux, *lis.* eux.

A la fin.

Arlacides, *lis.* Arsacides.
Cheruspes, *lis.* Chérusques.
Artinoé, *lis.* Arsinoé.

www.ingramcontent.com/pod-product-compliance
Lightning Source LLC
LaVergne TN
LVHW051508090426
835512LV00010B/2409